Feroz Shah Khan

O dilema da religiosidade e da racionalidade

Feroz Shah Khan

O dilema da religiosidade e da racionalidade

Uma colisão psicológica entre a razão e a religião

ScienciaScripts

Imprint

Any brand names and product names mentioned in this book are subject to trademark, brand or patent protection and are trademarks or registered trademarks of their respective holders. The use of brand names, product names, common names, trade names, product descriptions etc. even without a particular marking in this work is in no way to be construed to mean that such names may be regarded as unrestricted in respect of trademark and brand protection legislation and could thus be used by anyone.

Cover image: www.ingimage.com

This book is a translation from the original published under ISBN 978-620-2-05888-9.

Publisher:
Sciencia Scripts
is a trademark of
Dodo Books Indian Ocean Ltd. and OmniScriptum S.R.L publishing group

120 High Road, East Finchley, London, N2 9ED, United Kingdom
Str. Armeneasca 28/1, office 1, Chisinau MD-2012, Republic of Moldova, Europe
Printed at: see last page
ISBN: 978-620-7-87859-8

Copyright © Feroz Shah Khan
Copyright © 2024 Dodo Books Indian Ocean Ltd. and OmniScriptum S.R.L publishing group

Prefácio

Ao longo da vida de um indivíduo, alguns valores, morais e crenças são intrínsecos e, na maioria das vezes, inabaláveis e proibidos de serem alterados. Estas crenças e valores moldam a personalidade do indivíduo e orientam as suas decisões sociais, profissionais e teológicas, por vezes a um nível subconsciente, subliminar, do qual a pessoa nem sempre tem consciência. A necessidade de fazer emergir estas ideias levou ao nascimento desta monografia, que é uma tentativa de incorporar conceitos psicológicos e filosóficos com uma investigação original e empírica. A intenção por detrás do livro não foi a de uma propaganda, de forçar pontos de vista para mudar ou transformar as pessoas de uma ideologia para outra, mas sim a de encorajar o pensamento livre, um pensamento fora dos limites e das correntes, sobre as questões mais imperativas que determinam a direção das nossas vidas. Esta monografia avalia e analisa duas variáveis básicas que são a religiosidade e a racionalidade e mede os resultados do estudo à luz de várias argumentações filosóficas e psicológicas. O autor neste livro também ilustra a inclinação para algumas ideias em poemas da sua autoria que lhe são muito caros e que tornam os seus pontos de vista ainda mais claros. Estes poemas tornam claro o ponto de vista do autor e apelam mesmo a uma mente não artística e cientificamente inclinada. O autor adopta uma posição neutra em relação à filiação religiosa, para evitar preconceitos.

É uma honra mencionar que a supervisora da investigação, a Sra. Roya Shahhiman Zada, e os parceiros Fawad Ali, Israr Muhammad, Abdur Rahim e Abrar Ahmad desempenharam um papel crucial na realização deste trabalho, pelo que não poderíamos estar mais gratos. Um agradecimento especial à administração, ao corpo docente e às crianças das escolas que nos apreciaram e participaram no estudo. Obrigado a todos os autores de grande trabalho e calibre, cujas obras foram citadas neste livro.

Sobre o autor

Nasci e cresci no belo vale do distrito de Swat, no Paquistão. Fiz toda a minha educação primária no mesmo local e ponderei sobre o meu próximo passo em direção ao mundo académico. Apercebi-me do meu amor insaciável pela psicologia e licenciei-me em Psicologia na Universidade de Swat em 2017, após o que tenciono obter um doutoramento em psicologia clínica com uma bolsa de estudo brilhante. Estudei a disciplina de filosofia por interesse próprio, tenho prazer no trabalho de investigação psicológica, escrevendo poesia e praticando desporto, os dois primeiros dos quais estão patentes neste livro.

Feroz Shah Khan

Pergunto-me até onde se pode ir

Nos oceanos do pensamento

Profundo o suficiente para não vir à tona fraco

Até que a buzina do navio sábio toque

Poderias passar o tempo ignorante e lento

Como uma flecha no pequeno arco de uma criança Ruminar ao vento, pouco mais

Demorar-se no brilho da glória da natureza

Como uma mariposa, acender-te-ias em chamas

Para a verdade, o teu amor tem de se mostrar Sangue de adivinhação sangrenta,

queres vir Ou preciso de um pouco mais, um pouco mais

Feroz S. Khan

Conteúdo

Resumo

O estudo foi realizado com o objetivo de avaliar a relação entre religiosidade e

racionalidade dos adolescentes (com idades compreendidas entre os 14 e os 17 anos).

Foi colocada a hipótese de os alunos mais religiosos serem menos racionais do que os

alunos menos religiosos. Também se colocou a hipótese de os alunos do sexo

masculino serem mais racionais do que os alunos do sexo feminino. Foi selecionada

aleatoriamente uma amostra total de 600 estudantes (320 homens e 280 mulheres),

predominantemente muçulmanos, de diferentes faculdades e escolas da região de

Swat. O nível de religiosidade dos participantes foi medido utilizando a Escala de

Religiosidade e Espiritualidade para Jovens (RaSSY) e a sua racionalidade utilizando

o Inventário Racional-Experiencial para Adolescentes (REI-A). A pontuação dos

participantes na escala RaSSY foi correlacionada com a sua pontuação no inventário

REI-A através da aplicação do Coeficiente de Correlação de Pearson. Além disso, a

pontuação dos participantes do sexo masculino na escala REI-A foi comparada com a

pontuação das participantes do sexo feminino através da aplicação do teste *t de*

amostras independentes. Os resultados mostraram uma correlação negativa ($r = -.605$,

$p < .01$) entre as pontuações dos participantes na escala RaSSY e no inventário REI-

A. Os resultados também mostraram que os participantes do sexo masculino

obtiveram pontuações mais elevadas na escala REI-A, $t(598) = 5{,}624$, $p < 0{,}001$, em

comparação com os participantes do sexo feminino. Concluiu-se, portanto, que as

pessoas mais religiosas tinham uma racionalidade mais baixa e que os estudantes do

sexo masculino tinham uma racionalidade mais elevada do que os estudantes do sexo feminino.

Palavras-chave: Religiosidade, Espiritualidade, Racionalidade, Experiencialidade, Adolescência.

Avaliar a relação entre religiosidade e racionalidade

A religião existe desde que o ser humano atingiu a modernidade comportamental (Palmer,

Douglas, Lamb, Angeles, Gavira, & Frances, 2009). A maior parte da população

mundial acredita em algum tipo de divindade, um Deus, um Senhor e salvador (The

Global Religious Landscape, 2012). A religião dá esperança, um sentimento de amor,

afeto e uma crença de que não estamos sozinhos na extensão infinita do universo

(Ryan Rivera, 2017). Cerca de 59% da população mundial considera-se uma pessoa

religiosa, 23% da população mundial considera-se secular, não religiosa, ateia ou

agnóstica, enquanto 13% acredita ser um ateu convicto. (Índice Global de Religião e

Ateísmo, 2012). A maior parte da comunidade ateia é constituída por cientistas,

psicólogos, filósofos e pedagogos de alto nível, embora alguns ou muitos deles sejam

religiosos (Gross & Simmons, 2009). Por isso, tem havido um debate sobre ciência

ou religião, a ideia de que a religião é boa ou má, compatível ou corrosiva, e que

persegue o mesmo objetivo ou não, está indecisa. A religião pode ser um catalisador

importante na criação de um conflito entre a fé, a crença e as leis divinas e as provas,

a lógica, a experimentação, bem como as leis universais da natureza. Para descobrir a

verdade e a realidade sobre esta questão fundamental da nossa existência, académicos

de ambos os lados têm discutido e debatido estas questões (Centro Nacional de

Educação Científica, 2012).

Há argumentos opostos sobre se é mais racional, lógico e sensato tomar o partido da religião ou se é mais apropriado aceitar o que a ciência nos conduz através dos seus caminhos rigorosos. Estas ideias contraditórias levam as pessoas a investigar a relação entre religiosidade e racionalidade. Coage os indivíduos a procurar provas do grau de racionalidade ou irracionalidade das pessoas sob a influência de filiações e doutrinações religiosas (Harris Samuel B., 2004).

A palavra religiosidade significa a quantidade de comportamento religioso, crença ou nível espiritual. Refere-se à crença numa divindade suprema e pode envolver a aceitação de uma doutrina ou escritura como autoridade moral e obrigatória, resultando na submissão da vontade de uma pessoa à autoridade suprema ou a Deus. A religiosidade é a crença e a prática de uma religião. A religiosidade define-se pela crença em Deus, pela aceitação de uma doutrina ou escritura e por actividades ritualísticas ou adoração de uma divindade e poder supremos, frequentemente designados por Deus. A religiosidade pode ser definida como as crenças e os rituais de um indivíduo relacionados com Deus ou com a filiação religiosa (Hernandez, Vigna, & Kelley, 2010).

A espiritualidade é uma experiência pessoal e subjectiva diferente das crenças e práticas religiosas. É a forma subjectiva como se experimenta e vive a religião (Hernandez, 2011).

A espiritualidade é uma busca pessoal para compreender as respostas às questões profundas, curiosas e introspectivas sobre o eu e o universo, questões sobre o significado e o objetivo da vida e a existência de Deus e a relação de cada um com ele. A espiritualidade pode ou não levar à construção de uma filiação religiosa e de uma comunidade (Hernandez, Vigna, & Kelley, 2010).

Racionalidade é definida como ter ou exercer a capacidade de raciocinar. (The Free Dictionary, 2017). Por outras palavras, é a capacidade de pensar de forma lógica e analítica e de confiar e gostar de pensar de forma analítica e lógica (Pacini & Epstein, 1999).

Racionalidade é a qualidade ou caraterística de ser razoável, baseada em provas ou na lógica. Racionalidade significa dar explicações lógicas para as crenças de uma pessoa, ou para as suas acções, com as suas razões para agir. A "racionalidade" tem vários e diferentes significados em economia, sociologia, psicologia, biologia evolutiva e ciência política (Pacini & Epstein, 1999).

A experiencialidade refere-se à confiança na intuição e ao facto de se confiar na intuição e nos sentimentos durante a tomada de decisões (Pacini & Epstein, 1999).

A adolescência refere-se ao período de transição entre a puberdade e a idade adulta, que se estende principalmente ao longo dos anos da adolescência (Collins, 2017).

Os processos cognitivos e sociais das teorias psicológicas podem ajudar os especialistas em psicologia a compreender melhor o trabalho das crenças religiosas na adoção e compreensão do seu papel na psicoterapia. As pessoas de muitas religiões não utilizam técnicas e estratégias de recolha de informação e dados, mas sim heurísticas para formar juízos sobre ideias. Esta conformação do preconceito do próprio grupo em relação a outros grupos pode ajudar esses julgamentos e protegê-los de qualquer desconformidade com as evidências. A crença numa religião proporciona uma disciplina e um conhecimento de um mundo catastrófico e ambíguo. Muitas religiões dão ênfase ao perdão, o que é útil para resolver quaisquer rivalidades e questões sociais. Uma outra crença religiosa útil e útil é uma figura de ligação espiritual omnipresente. As influências nocivas da fé religiosa incluem a prática do controlo coercivo para manter a crença conformista e a promoção de um locus de controlo externo. Outra perspetiva que os especialistas em saúde psicológica praticam, contrariamente à crença religiosa, é a aquisição livre de informação e o auto-progresso, e orientam os indivíduos para a obtenção de capacidades essenciais para alterar e estruturar as suas vidas. Os terapeutas e os profissionais de saúde mental têm muito menos probabilidades de se alinharem com uma crença religiosa do que a população em geral ou os doentes psiquiátricos. O trabalho de um terapeuta é atender aos problemas do cliente e envolver-se na resolução de problemas, em vez de se opor à religião e promover pontos de vista anti-religiosos (Carone & Barone, 2001)

Segundo Richard Dawkins, "não só a ciência se opõe à religião, como a religião se opõe à ciência. Ensina as pessoas a ficarem satisfeitas com as explicações dadas pela religião, que são na sua maioria triviais, baseadas na fé e não empíricas, e a ignorarem ou oporem-se às explicações quantificadas, científica e estatisticamente exactas. Ensina-as a aceitar o poder, a revelação e a crença, em vez de insistirem sempre na prova. Crenças como estas promovem a devoção cega e a doutrinação infantil, ambas imorais (Richard Dawkins, 2006).

Os investigadores Helmuth Nyborg e Richard Lynn correlacionaram a fé em Deus e o QI médio de pessoas de 137 países. Utilizando dados de um estudo realizado nos EUA com 6825 adolescentes, descobriram que o QI médio das pessoas não religiosas era 6 pontos superior ao das pessoas religiosas. Os autores determinaram também a correlação entre inteligência e religiosidade a nível nacional. Os investigadores descobriram uma correlação de 0,60 entre as taxas de ateísmo e o grau de inteligência, o que foi considerado "estatisticamente muito significativo" (Lynn, Harvey, & Nyborg, 2009).

Do ponto de vista clínico, não existe de facto uma linha clara e distinta entre uma crença normal e uma crença patológica. Historicamente, psicólogos como o próprio Freud acreditavam que toda a fé era patológica (O'Neill Mary K. & Aktar Salman, 2009), enquanto a definição atual de delírio no DSM-V exclui completamente a doutrina religiosa da patologia (American Psychiatric Association, 2013). De um ponto de vista subjetivo, uma visão direcional do pensamento delirante (enfatizando a convicção, a preocupação e a extensão em vez do conteúdo) pode ser útil para determinar o que é e o que não é patológico. As crenças religiosas estão todas fora do domínio científico, pelo que podem ser facilmente rotuladas como delirantes ou patológicas de um ponto de vista filosófico. No entanto, as qualidades dimensionais de uma crença religiosa, os seus factores culturais e o seu impacto no funcionamento total podem ser considerações mais importantes no trabalho clínico (Alarcon, 2009).

Com base nas conclusões destes estudos anteriores, foram formuladas duas hipóteses. Em primeiro lugar, os estudantes com um nível de religiosidade mais elevado serão menos racionais do que os estudantes com um nível de religiosidade mais baixo, e os estudantes do sexo masculino serão mais racionais do que os estudantes do sexo feminino.

Os investigadores utilizaram modelos de crescimento misto para estudar o desenvolvimento religioso durante a idade adulta (27-80 anos) numa amostra de participantes que foram apontados durante a infância como intelectualmente dotados. Os autores identificaram 3 trajectórias discretas de desenvolvimento religioso: (a) 40% dos participantes pertenciam a uma classe de trajetória caracterizada por aumentos na religiosidade até à meia-idade e declínio na idade adulta; (b) 41% dos participantes pertenciam a uma classe de trajetória caracterizada por uma religiosidade muito baixa no início da idade adulta e declínio relacionado com a idade; e (c) 19% dos indivíduos pertenciam a uma classe de trajetória caracterizada por uma elevada crença religiosa no início da idade adulta e aumento relacionado com a idade. O género, a força dos indivíduos que tiveram uma educação religiosa, o número de filhos pequenos, o casamento e a agradabilidade previram a pertença às classes de trajetória. Os resultados foram largamente consistentes com as noções da teoria da escolha racional do envolvimento religioso (McCullough, M. E., Enders, C. K., Brion, S. L., & Jain, A. R., 2005).

Uma abordagem cética em relação à religião e à crença religiosa continua a ser dominante em muitos círculos da psicologia convencional. Por exemplo, a maioria das teorias do desenvolvimento humano não menciona a espiritualidade e as experiências espirituais. Com algumas excepções notáveis, muitos psicólogos tradicionais descrevem-se como materialistas que acreditam que não há nada para além dos nossos corpos e dos nossos mundos mentais, por mais significativos e benéficos que possam ser para nós nos tempos actuais. No entanto, há um domínio da psicologia que tem vindo a aceitar, desde há muitos anos, uma atitude mais positiva em relação à religião e à experiência religiosa. Muitos dos grandes movimentos da psicologia de aconselhamento basearam-se na forte fé religiosa ou espiritual do líder. A disciplina da psicologia do aconselhamento, com a sua ênfase no profissional como cientista, tem tido ativamente em conta a experiência espiritual, em vez da religiosa, como forma de promover a cura e o bem-estar emocional dos clientes. A presente investigação propõe que a interface entre a psicologia e a religião tem implicações construtivas para o trabalho terapêutico dos profissionais e que a psicologia do aconselhamento tem sido especialmente dominante na liderança do caminho para um maior interesse por parte dos psicólogos na natureza e finalidade da experiência religiosa, centrando-se antes no fenómeno da espiritualidade (Hayes, M. A., & Cowie, H., 2005).

Embora as investigações científicas sobre a morbilidade física estivessem em curso há décadas, antes deste estudo, os epidemiologistas psiquiátricos mostravam menos interesse pelo impacto das qualidades ou funções da religiosidade nas taxas de psicopatologia da população. O estudo de Midtown Manhattan suscitou outros estudos que, desde então, se têm multiplicado com frequência.

No início da década de 1980, as revisões da literatura e a recolha de dados empíricos começaram a resumir este trabalho, que na altura consistia em mais ou menos 200 estudos empíricos de múltiplos resultados (por exemplo, Gartner, Larson, & Allen, 1981; Larson, Pattison, Blazer, Omran, & Kaplan, 1986). O resultado foi consistente. De acordo com uma análise autorizada, "a influência das crenças e práticas religiosas na saúde mental - em particular quando estão inseridas numa tradição de fé bem integrada e de longa data - é largamente positiva" (Baumeister, R. F., 2002).

A relação dicotómica entre religião e psicologia tem sido frequentemente controversa, com a rejeição da religião na psicologia secular, por um lado, e a rejeição psicológica da experiência religiosa, por outro. A religião e a psicologia sempre competiram pelo seu interesse comum em fornecer uma compreensão do dilema existencial básico do que significa ser humano. Por uma questão de pressuposto, tanto a psicologia como a religião requerem alguma antropologia filosófica prévia, e é neste nível mais básico de expetativa que surgem as tensões entre as duas. No Ocidente, o choque entre a religião e a psicologia reflecte as tradições conceptuais ocidentais contraditórias do judaísmo e da religião.

Envolvimento subjetivo cristão versus distanciamento objetivo grego (Houts, A. C., 2010).

A investigação anterior sobre religião e ajuda deu origem a mais perguntas do que respostas. Na investigação atual, os participantes manifestaram vontade de ajudar grupos de indivíduos que precisam de ajuda (sem-abrigo e imigrantes ilegais), e este estudo após terem sido estimulados religiosamente e não religiosamente, por razões óbvias. A ativação do contexto religioso aumentou a vontade de ajudar, mas apenas os sem-abrigo foram ajudados. Os religiosos ortodoxos consideravam os outros alvos responsáveis pelos seus próprios problemas, uma associação parcialmente mediada pela crença num mundo justo para os outros. O pensamento simbólico estava associado à vontade de ajudar, uma associação parcialmente activada pela crença na justiça suprema. Os resultados sugerem um comportamento pró-social limitado (alvo) e condicional (estilo de pensamento, crenças num mundo justo) como resultado da religião (Pichon, I., & Saroglou, V., 2009).

Escrevendo como psicólogo, o autor traça o percurso do desenvolvimento religioso na personalidade normalmente madura e na personalidade produtiva. A emocionalidade religiosa decorre das necessidades, dos interesses, do temperamento, da racionalidade e da resposta cultural. A pessoa religiosa madura ou religiosamente madura pode agir de todo o coração sem certezas absolutas, por aspiração religiosa com a intenção de lutar por objectivos a longo prazo, quaisquer que sejam os riscos e dificuldades presentes.

O cerne da saúde mental assenta na fé e nas crenças de cada um e na capacidade de integrar os seus conflitos com um sentimento mestre, que aponta para além das gratificações imediatas e egocêntricas, para relações mais amplas e gratificações mais tardias, que são muito melhores do seu ponto de vista, uma ação mais decisiva e uma melhor garantia na realização de normas permanentemente valorizadas (Allport, G. W., 1950).

Nos seus textos sobre a Terapia Racional-Emotiva (TRE), A. Ellis (1970, 1973, 1980, 1983) defendeu que as crenças religiosas tradicionais enraizadas funcionam como irracionalidades patogénicas e que os indivíduos menos religiosos devem ser emocionalmente mais saudáveis do que aqueles que são mais tradicionalmente religiosos. Estas ideias foram examinadas através do teste de 4 crenças (perfeccionismo, evitamento de problemas, auto-expectativas elevadas e propensão para a culpa) interpretadas como irracionais num contexto de RET. 237 estudantes universitários realizaram o Teste de Crenças Irracionais, que consistia em medidas de responsabilidade social e autoestima, uma medida de orientação comunitária e as Escalas de Orientação Religiosa Intrínseca e Extrínseca. Os resultados do estudo concluíram que a medida de perfeccionismo do RET era altamente irracional, que as irracionalidades definidas religiosamente, e que apresentava maior validade preditiva do que as do RET, que as pessoas menos religiosas não eram as mais naturalmente ajustadas, e que as intrinsecamente religiosas apresentavam frequentemente a organização de personalidade mais adequada (Watson, P. J., Morris, R. J., & Hood, R. W., 1994).

O presente estudo analisa as diferentes perspectivas da religiosidade na investigação psicológica. Explica-se o conceito de religiosidade, a diferença no campo da psicologia entre religiosidade e espiritualidade, os factores de religiosidade e as principais questões a analisar na medição da religiosidade. Para a análise das dimensões da religiosidade, recorremos ao modelo hierárquico de organização da religiosidade (Tsang e McCullough, 2003), que, de forma eloquente, defende que a religiosidade se manifesta a dois níveis: (1) O nível disposicional, que ilustra as diferenças interindividuais nas características religiosas e o nível operacional, que aponta para a diversidade interindividual na expressão da religiosidade. Relativamente ao escalonamento da religiosidade, analisamos a transparência concetual das dimensões medidas, os aspectos psicométricos das escalas de medida da religiosidade, a representatividade da amostra e a sensibilidade cultural dos instrumentos de medida da religiosidade. Ao longo do artigo, apresentamos os resultados de algumas pesquisas sobre as implicações das dimensões da religiosidade na saúde mental pessoal e familiar (Rusu, P. P., & Turliuc, M. N., 2011).

As investigações sobre a psicologia da religião, que tiveram início no século XIX no contexto da psicologia experimental e da psicanálise, podem ser classificadas em duas categorias: as que examinam o efeito da religião em vários indivíduos e contextos sociais e as que se concentram na metodologia da própria religião. O presente estudo incide sobre a primeira categoria. Até à data, alguns estudos têm demonstrado uma correlação positiva entre a religião e a saúde física e mental. A este respeito, foram sugeridas várias perspectivas e modelos, dois dos quais são discutidos neste texto: o papel da religião no combate ao stress e aos factores de stress e um modelo cognitivo da religião. Alguns estudos demonstraram a relação entre a religião e as perturbações da personalidade, centrando-se em aspectos como a introversãoextraversão, a psicose, a neurose e a perturbação obsessiva da personalidade, bem

como o locus de controlo interno e externo. O efeito da religião nos fenómenos

sociais já encontrou muitas aplicações no aconselhamento e na psicoterapia

(Khodayarifard, M., Ghobari, B. B., & Shokouhi, Y. M., 2001).

CAPÍTULO 1

Uma perspetiva filosófica sobre a religião e o pensamento racional

1.1 René Descartes e o ceticismo cartesiano:

Seguindo a metodologia de René Descartes. Podia-se avaliar as crenças e determinar o seu valor. Duvidou do valor das suas crenças e, por isso, teve a ideia de rejeitar todas as suas crenças e só acreditar nelas se se revelassem verdadeiras. Por isso, inventou uma analogia para o seu método recém-formado: imagina um cesto cheio de maçãs, algumas das quais estão podres e a podridão espalhar-se-á a outras maçãs, fazendo com que todas as maçãs apodreçam rapidamente, se virarmos o cesto e apanharmos e colocarmos no cesto apenas as maçãs que ainda estão saudáveis. Desta forma, garante-se que as maçãs se mantêm saudáveis, retirando-lhes as maçãs podres. Este é um método que ele quis aplicar às suas crenças, considerando-as no lugar das maçãs e apanhando apenas as que são autênticas e verdadeiras. Ao fazê-lo, acabou por ter todas as crenças que tinha antes deste exercício, mas desta vez sem a hesitação da dúvida. Devemos sempre empenhar-nos neste tipo de avaliação e escrutínio, porque só assim garantimos que estamos no caminho certo e que as nossas decisões futuras são guiadas pela racionalidade e não pela fé cega.

Este procedimento de René Descartes é designado por ceticismo cartesiano. Um cético é uma pessoa que pondera se podemos saber alguma coisa com certeza e como é que sabemos que uma coisa é verdadeira e, segundo estes critérios, Descartes era um verdadeiro cético, era católico era a religião e, para ele, tinha razões suficientes para acreditar nela, mas pelo menos seguiu o caminho do raciocínio lógico para a sua crença e tal deveria ser o caminho de qualquer indivíduo racional.

Ele duvidava da realidade de tudo e acreditava que a única coisa que realmente acredita ser real é a sua mente, porque ela pode pensar e raciocinar e ser cética, por isso não podia estar sob a influência deste génio maligno e, por isso, ele podia chegar à verdade.

Ele defendia que não se acreditasse nem mesmo na experiência sensorial de si próprio, porque esta poderia ser distorcida por aquele que fez a ilusão universal e chamou a este fenómeno Dúvida Local; duvidar das experiências sensoriais de alguém, porque nem mesmo se a distorção vier da fonte em que Descartes acreditava, é real e presente. O número de ilusões sensoriais que enfrentamos no nosso quotidiano é magnífico.

O fenómeno phi, o movimento aparente, a mistura de sentidos, as alucinações e a lista continua.

1.2 Bertrand Russell e a dúvida global:

O filósofo Bertrand Russell leva a ideia um pouco mais longe e apresenta a Hipótese dos Cinco Minutos: imaginou um cenário em que o universo em que vivia poderia ter sido inventado por um génio maléfico, criado há apenas cinco minutos, e que o fez parecer velho e antigo, introduzindo falsas memórias na sua mente, um génio que pretendia iludi-lo e fazer com que o universo parecesse real, mas que na realidade não era o caso. Mas para ele não há forma de descobrir a verdade sobre este dilema e, por isso, é preciso aceitar a sua realidade atual e contentar-se com ela.

Para a maioria dos defensores do pensamento racional, esta ideia é absurda e acreditam que é preciso pensar, fazer uma tempestade cerebral e lutar até ao fim, a não ser que se chegue à verdade suprema, por mais cansativa e longa que seja a viagem, porque no fim a verdade supera qualquer sacrifício.

1.3 O argumento de Anselmo a favor de Deus:

Anselmo de Cantuária postulou um argumento dedutivo sobre Deus e acreditava que este argumento era imune a falácias. Disse que Deus é a melhor coisa que podemos imaginar, que há coisas na realidade e coisas na nossa imaginação, mas que as coisas na realidade são melhores do que as coisas na nossa imaginação, pelo que a melhor coisa que podemos imaginar não é Deus, porque Deus na realidade seria melhor, pelo que Deus é real. Ele acreditava que o seu argumento era imune a falácias e que tinha provado Deus através da argumentação dedutiva.

1.4 A antítese de Immanuel Kant:

O filósofo alemão Immanuel Kant discordou de Anselmo sobre o assunto e acrescentou ao argumento de deus que um predicado é algo que se diz de uma coisa, uma caraterística que define uma coisa, mas um predicado não prova nem pode provar a existência de algo. Por exemplo, um deus deve ser todo-poderoso, mas isso não significa que ele exista.

1.5 Argumentos cosmológicos de Tomás de Aquino sobre a existência de Deus:

Propôs 4 argumentos cosmológicos e 1 teleológico para provar a existência de Deus.

Na primeira, afirma que não pode haver uma regressão infinita, um processo contínuo sem início, pelo que tudo está em movimento e foi posto em movimento por um motor imóvel, tudo é causado e foi causado por um causador incausado. Há muitas falácias nos seus argumentos, algumas são auto-destrutivas.

O argumento teleológico é também conhecido como conceção inteligente, a crença de que o universo é concebido de forma tão inteligente que é lógico assumir que deve haver um criador inteligente por detrás dele. Basta dar o exemplo de um relojoeiro. Que tudo é perfeitamente concebido e tem um propósito, por isso deve ter um criador, tal como um relógio, mas outros discordam que nem tudo é tão perfeito como parece.

Tomás de Aquino racionalizando o conceito de Deus:

Tomás de Aquino explica Deus pelos seus atributos divinos, que são:

Omnipresente: Presente em todos os momentos,

Omni-temporal: Presente em todos os momentos,

Omnipotente: Todo-poderoso,

Omnisciente: Que tudo sabe e

Omnibenevolente: Tudo de bom.

Mas estas características são auto-contraditórias, como por exemplo, se Deus é todo-poderoso, então pode pecar, ou se não pode, então não é omnipotente. Se ele nos deu o livre arbítrio e está presente em todos os momentos, ou seja, no presente, no passado e no futuro, então ele já tomou todas as decisões, então porque é que devemos rezar. Estas contradições foram apresentadas por Eleanor.

O problema do mal: Existe muito mal no mundo, isso é um facto, mas Deus é omnisciente, todo-poderoso e todo-bom, então porque é que não o impede, e o facto de o mal continuar a existir priva Deus de uma ou duas das suas qualidades, mas outros que discordam usam a teodiceia.

A teodiceia é uma forma de reconciliar a existência de Deus com a presença do mal. Argumentos como a teodiceia da criação da alma, de Hick, afirmam que algum mal é necessário para crescermos e aprendermos da forma que Deus quer que aprendamos, e a teodiceia do livre arbítrio, também conhecida como a defesa do livre arbítrio, significa que temos a opção de não fazer o mal, o que responde ao mal moral, mas o que dizer do mal natural, como as catástrofes naturais que destroem seres humanos inocentes, enquanto as respostas a estas teodices são muitas.

W.K Clifford: Defendeu que a crença em Deus é um longo pecado para a humanidade porque temos a responsabilidade epistémica de não acreditar em coisas sem provas. Ele disse que há tipos de escolhas, tais como:

Opção em direto: Uma opção que se consegue ver a escolher.

Opção morta: Uma opção que nunca escolheria.

Opção forçada: Uma opção que se é obrigado a tomar.

Uma opção importante: Uma opção que pode mudar radicalmente a sua vida para melhor.

Opção trivial: Uma opção que não traz grandes mudanças. Para ele, a religião é uma crença cega por falta de provas, um pecado e uma opção viva, forçada e momentânea.

Pragmatismo religioso: pragmatismo significa acreditar em algo não porque é verdade, mas porque tem benefícios inerentes. Em suma, acreditar apenas porque isso o beneficiará.

Aposta de Pascal: Pascal foi um dos pragmatistas que nos deu uma forma de apostar na crença. Propôs que se acreditássemos em Deus e ele existisse, teríamos o céu, se acreditássemos e ele não existisse, não perderíamos nada, se não acreditássemos e ele existisse, teríamos o inferno, se não acreditássemos e ele não existisse, não teríamos nada.

Mas outros argumentariam que não é realmente uma crença se acreditarmos apenas pelo benefício e, no fundo, duvidarmos dela. Mas Pascal sugere que se acredite na mesma e que se vá com a corrente, para que eventualmente se acabe por ter uma crença verdadeira. Outros argumentam que acreditar nele tem um grande custo, pois a pessoa pode começar a fazer coisas más acreditando que Deus lhe disse para o fazer.

Soren Kierkegaard: Promoveu a noção conhecida como Fideísmo. O fideísmo é a crença de que a fé não requer lógica e pensamento racional e é por isso que é fé. A mente não se deve preocupar com o argumento de Deus porque Deus não está aberto a argumentos. Ele disse "eu acredito porque é absurdo acreditar". E propôs que se tomasse uma "folha de fé".

A educação não serve para nada! Isto pode ser aplicado ao fenómeno a que chamamos "Educação" no Paquistão. Ignorando o que significa nos prados longínquos da civilização moderna, apelidamos de educação um artifício baseado na literacia e depois imaginamos porque é que não está a produzir resultados semelhantes aos que produz em algumas outras áreas do globo. Os graus, os diplomas e os graus sobre graus não ajudam em nada.

Pensar por si próprio é um fenómeno raro na nossa sociedade. A formação para "pensar" é simplesmente inexistente no nosso sistema educativo. Por pensar, refiro-me ao pensamento racional. As nossas instituições académicas já não são mais do que casas de produção de mecânicos de meia-tigela orientados para a carreira. Estes mecânicos mais do que letrados nos seus domínios, sejam eles científicos ou sociais, são muito bons apenas a ganhar o pão de cada dia e a trabalhar para isso aplicando as fórmulas de solução que aprenderam nos seus cursos. Quanto à forma de lidar com os problemas reais e sérios que a vida apresenta, a sua formação orientada para o diploma não ajuda nada; não ajuda nada!

Na história e no nosso nível genético básico, somos uma nação de mentes emocionalmente carregadas. Com a racionalidade a sentir-se confortável apenas nos bancos de trás, as emoções são, na maioria das vezes, a força orientadora das nossas vidas. Esta é a força vital da nossa existência, da nossa cultura e identidade e, por isso, naturalmente, somos extremamente sensíveis a ela. Somos tão sensíveis, preocupados, preocupados e dependentes das nossas emoções que esta atitude se estendeu da esfera social à política e à esfera jurídica das nossas vidas. Matar (racionalmente falando e pensando) pessoas inocentes por violarem as nossas preferências emocionais e inclinações teológicas (a que chamamos "Ghairat") não é apenas apreciado socialmente, mas é aceite politicamente e reconhecido mesmo legalmente.

Por isso, matamos qualquer pessoa (e queremos matar toda a gente) que viole ou ameace violar as normas que a nossa religião estabeleceu para nós. Simplesmente não temos a capacidade de permitir que alguém desafie a santidade da nossa religião, a nossa querida visão do mundo. E atacamos mortalmente qualquer pessoa, matando quem nos possa garantir um lugar no céu. Somos tão emocionalmente sensíveis à nossa religião que podemos, e fazemos, tudo isto, sem tocar na base da questão, em cada passo das nossas vidas surgem questões secundárias relativas à interpretação e implementação das directivas religiosas.

A psicologia mostra-nos que a parte mais avançada do nosso cérebro, os lobos frontais, é a parte do pensamento racional e da tomada de decisões. Enquanto a outra parte inferior do nosso cérebro, que partilhamos com muitas outras espécies, é o cérebro emocional. O nosso cérebro emocional trabalha com julgamentos rápidos, tomando decisões a um nível subconsciente. Funciona de forma irracional. Toma decisões sem analisar corretamente a situação e o problema e sem assumir qualquer responsabilidade pelos seus resultados futuros. Consequentemente, as nossas decisões emocionais fazem-nos sentir bem durante um curto período de tempo, mas as consequências dessas decisões são quase sempre destrutivas.

Mais uma vez, o nosso instrumento mais eficaz (e, na maior parte das vezes, abusado) para justificar os nossos erros emocionais é a nossa Igreja. Para transferir a responsabilidade das nossas decisões desastrosas, malignas e muitas vezes infantis, nas quais envolvemos a religião, de forma injustificada. E para afastar a crítica que há muito se impõe, declaramos que a religião, sendo a verdade última e a resposta para todos os tempos que se avizinham, só pode ser corretamente interpretada pelos nossos Senhores Religiosos, os Clérigos (que conseguimos que passem decretos a nosso favor). Isto também convém aos Clérigos, uma vez que, desta forma, obtêm uma vasta discrição e um enorme poder na sociedade.

Podemos tomar todas as nossas decisões de forma emocional ou com raciocínio racional. O raciocínio racional está fora de questão, pois é a influência satânica que nos afasta da religião. Para dizer o mínimo, levanta questões blasfemas que tornam o pensador racional suscetível de ser morto. A única opção que nos resta é tomar decisões com um conjunto de pensamentos carregados de emoção, e é o que fazemos. Mas a questão é: poderá este Universo perfeitamente racional ser criado por Deus, um criador que não gosta nem aprova o pensamento racional? (Makhdoom, T. S., 2013).

CAPÍTULO 2

Método

Participantes

O número total de participantes na amostra era de 600, pertencentes a várias faculdades e escolas da região de Swat. Entre estes 600 participantes, 320 eram homens e 280 eram mulheres. Foi utilizada uma metodologia de amostragem aleatória para a seleção desta amostra. A idade dos participantes variava entre os 15 e os 17 anos e as suas habilitações iam da classe 5th à classe 11th . Nunca foi realizado um estudo de investigação desta natureza nesta área, especialmente com esta amostra, o que torna o artigo inovador neste domínio. A razão pela qual os adolescentes foram escolhidos para este estudo e não os adultos prende-se com o facto de os adolescentes serem mais propensos à orientação e filiação religiosas e acreditarem nas coisas como os pais, sendo mais provável que sigam as pisadas dos pais, na maior parte das vezes com uma dedicação cega em vez de pensarem por si próprios de forma independente, estas amostras são os melhores sujeitos para este tipo de avaliação, porque são provavelmente menos capazes de fazer uma avaliação crítica e revelam a verdadeira natureza do ensino religioso, sem preconceitos de auto-defesa, em comparação com os adultos maduros que, embora possam ser religiosos, não favorecem sinceramente a devoção cega e raciocinam bem para as suas acções ou até fingem raciocinar sem acreditar. A obtenção desta amostra não foi uma tarefa muito difícil, uma vez que havia um número suficiente de escolas numa pequena área geográfica, o que facilitou o processo quando outros colegas ajudaram a atingir o número pretendido de participantes e o corpo docente das escolas apreciou e colaborou de bom grado neste trabalho.

Instrumentos

Foram utilizados dois questionários no estudo para medir os níveis de religiosidade e racionalidade dos participantes. Para medir a religiosidade dos estudantes, foi utilizada a Escala de Religiosidade e Espiritualidade para Jovens (RaSSY) (ver Apêndice A), desenvolvida por Brittany C. Hernandez. Esta escala foi padronizada numa amostra de 307 crianças com idades compreendidas entre os 7 e os 11 anos e a sua qualificação variou entre os 4 e os 11th anos (Hernandez, Vigna, & Kelley, 2010).

Para medir a racionalidade, o Rational-Experiential Inventory for Adolescentes (REI-A) (ver Anexo B), desenvolvido por Marks, Hine, Blore & Phillips (2008). A escala é composta por duas subescalas para medir a Racionalidade e a Experiencialidade. Esta escala foi padronizada utilizando uma amostra de 306 estudantes adolescentes com idades compreendidas entre os 13,1 e os 18,8 anos e as suas habilitações variaram entre o 8º e o 12º ano (Marks, et al, 2008). Os instrumentos escolhidos são os mais influentes na respectiva avaliação, bem adoptados, relevantes, válidos e fiáveis. Estes instrumentos foram sugeridos e recomendados por muitos investigadores e supervisores que se depararam com eles no passado. Estas escalas, em comparação com outras escalas comparativas, pareceram as mais adequadas e as mais favoráveis do ponto de vista pessoal. Foram pontuadas de acordo com as instruções dadas nos manuais de ambas as escalas.

Procedimento

Os participantes receberam instruções breves sobre como preencher os questionários e qual o objetivo do estudo. O significado de cada item da escala foi clarificado através de reformulações, caso os participantes considerassem algumas palavras ou o significado das mesmas de difícil interpretação. As escalas foram preenchidas com o consentimento informado e a compreensão dos itens. A honestidade e a sinceridade foram vivamente aconselhadas e a confidencialidade dos dados foi assegurada. Qualquer dúvida ou pergunta dos participantes foi atendida pelo aplicador do teste. Ambas as escalas foram pontuadas de acordo com o procedimento descrito nos manuais do REI-A e do RaSSY. As pontuações obtidas na escala RaSSY foram correlacionadas com as pontuações obtidas no Inventário Racional-Experiencial para Adolescentes. As pontuações dos participantes masculinos e femininos no inventário REI-A também foram comparadas. Todas as tarefas preliminares foram tratadas com cuidado e com a máxima precisão, a fim de evitar qualquer erro ou parcialidade. As instruções foram dadas de forma breve e útil e as variáveis estranhas foram tratadas, tanto quanto possível.

CAPÍTULO 3

Resultados

Os resultados da análise estatística mostraram que a religiosidade está negativamente relacionada com a racionalidade. A pontuação de religiosidade dos participantes na escala RaSSY e a sua pontuação de racionalidade na escala REI-A estavam negativamente correlacionadas ($r = -.605$, $p < .01$). A pontuação de religiosidade dos participantes também foi correlacionada com a sua experiencialidade, que era uma subescala da REI-A, e foi encontrada uma correlação negativa significativa entre os seus níveis de religiosidade e a sua experiencialidade (ou seja, $r = -.448$, $p < .01$).

Para a pontuação total do REI-A, o teste *t de* amostras independentes indicou que os participantes do sexo masculino obtiveram pontuações significativamente mais elevadas na subescala de racionalidade do REI-A, ou seja, $t(598) = 5,624$, $p < 0,001$. A pontuação média dos participantes do sexo masculino foi mais elevada ($M = 3,38$, $DP = 0,348$) do que a pontuação média das participantes do sexo feminino ($M = 3,166$, $DP = 0,3973$).

CAPÍTULO 4

Discussão

Como mencionado anteriormente, foram construídas duas hipóteses. Em primeiro lugar, os alunos com níveis de religiosidade mais elevados serão menos racionais do que os alunos com níveis de religiosidade mais baixos. Em segundo lugar, os alunos do género masculino serão mais racionais do que os do género feminino. Os resultados da análise estatística apoiaram ambas as hipóteses. Ficou provado que os estudantes mais religiosos eram menos racionais e que os estudantes do sexo masculino eram mais racionais do que os do sexo feminino. Estes resultados corroboram as conclusões de estudos realizados anteriormente, como o estudo realizado por Gervais e Norenzayan (2012), que sugere que quanto maior for a capacidade de pensamento analítico dos participantes, maior será a sua tendência para a descrença religiosa.

Foi efectuado um estudo semelhante que utilizou 8 medidas de irracionalidades racionais e emotivas para testar a hipótese de que a doutrinação religiosa provocaria um desajustamento social. O estudo foi efectuado em duas partes: 351 participantes de uma só vez e 383 de duas[nd] vezes. Os resultados mostraram uma forte correlação negativa entre a religiosidade intrínseca e o seu efeito sobre a adaptação (Watson, Milliron, Morris, & Hood, 1994).

Muitos psicólogos mantêm e acreditam no ponto de vista de Sigmund Freud (1927, p.88) de que a religião é neurose, intoxicante, veneno e infantilidade a ser superada. Assim, Mortimer Ostow (1990) afirmou que os protestantes evangélicos são incapazes de obter as realidades que temos nos tempos modernos.

O sociólogo do século XX, Kingsley Davis (1949), escreve que a perspetiva racionalista em relação à religião seria uma grande falácia lógica, porque a religião ou o comportamento religioso em si não são racionais. Marx vai mais longe e diz que a religião é o opiáceo das massas e um instrumento de exploração da razão humana.

CAPÍTULO 5

Conclusão

Concluiu-se do estudo que os estudantes mais religiosos e que efectuam um grande número de rituais e orações tendem a ser menos racionais do que os menos religiosos e que efectuam menos rituais. Concluiu-se também que os estudantes do sexo masculino eram mais racionais do que os do sexo feminino. A investigação requer muito mais investigação numa escala mais diversificada, multicultural e mundial, uma investigação em todo o mundo entre pessoas de diferentes nações e grupos religiosos e étnicos. Este estudo foi efectuado numa população predominantemente muçulmana, pelo que um estudo semelhante numa amostra maior e mais diversificada em termos de religião validaria fortemente este estudo.

Referências

Alarcon, R. D. (2009). Cultura, factores culturais e diagnóstico psiquiátrico: revisão e projecções. *World Psychiatry, 8(3)*, 131-139. doi:10.1002/j.2051-5545.2009.tb00233.x

Allport, G. W. (1950). O indivíduo e a sua religião: uma interpretação psicológica. Oxford, Inglaterra: Macmillan.

Associação Americana de Psiquiatria. (2013). *Manual de Diagnóstico e Estatística das Perturbações Mentais* (5 ed.). Arlington, VA: Associação Americana de Psiquiatria.

Baumeister, R. F. (2002). Religião e psicologia: Introduction to the special issue. *Psychological Inquiry, 13*(3), 165-167.

Carone, D., & Barone, D. (2001). A social cognitive perspective on religious beliefs: As suas funções e impacto no coping e na psicoterapia. *Clinical Psychology Review, 21*, 989-1003. doi:10.1016/S0272-7358(00)00078-7

Collins, W. (2017, 21 de junho). *Dicionário*. Recuperado de dictionary.com: http://www.dictionary.com/browse/adolescence

Davis, K. (1949). *Human Society*. Nova Iorque, N. Y.: The Macmillan Company.

Dawkins, C. R. (2006). *The God Delusion*. Londres, Inglaterra: Transworld Editoras.

Douglas, P., Lamb, S., Angeles, G. G., & Frances, P. (2009). *Prehistoric Life: The Definitive Visual History of Life on Earth [A história visual definitiva da vida na Terra]*. Nova Iorque, N.Y.: DK Publishing, Inc.

Associação Internacional Gallup. (2012). *Índice Global de Religiosidade e Ateísmo Comunicado de imprensa*. Associação Internacional Gallup.

Gervais, W. M., & Norenzyan, A. (2012). O pensamento analítico promove a descrença religiosa. *Science, 336*(6080), 493-496. doi:10.1126/science.1215647

Gross, N., & Simmons, S. (2009). The Religiosity of American College and University Professors. *Sociology of Religion, 70 (2)*, 101-129. doi:10.1093/socrel/srp026

Harris, S. B. (2004). *The End of Faith [O Fim da Fé]*. Nova Iorque, Nova Iorque: W. W. Norton & Company.

Hayes, M. A., & Cowie, H. (2005). Psicologia e religião: Mapping the relationship. *Mental Health, Religion & Culture,8*(1), 27-33.

Hernandez, B. C., Vigna, J. F., & Kelley, M. L. (2010). O inventário de respostas de enfrentamento dos jovens: Desenvolvimento e validação inicial. *Journal of Clinical Psychology, 66*, 1008-1025. doi:10.1002/jclp.20697

Hess, P. M. (2012, 22 de junho). *Science and Reigion*. Recuperado de National Centre for Science Education: https://ncse.com/library-resource/science-religion

Houts, A. C. (2010). Religião e psicologia. *Enciclopédia Corsini de Psicologia*.

Iannaccone, L., Stark, R., & Finke, R. (1998). Racionalidade e a "Religião

Mind". *Economic Inquiry, 36*, 373-398. doi:10.1111/j.1465-

7295.1998.tb01721.x

Khodayarifard, M., Ghobari, B. B., & Shokouhi, Y. M. (2001). *The Domain of

Psychological Researches on Religion (O domínio da investigação psicológica

sobre a religião)*.

Lynn, R., Harvey, J., & Nyborg, H. (2009). Average intelligence predicts atheism

rates across 137 nations. *Inteligence, 37(1)*, 11-15.

doi:10.1016/j.intell.2008.03.004

Principais religiões do mundo classificadas por número de adeptos. (2007, 9 de

agosto).

Recuperado de Adherents.com:

http://www.adherents.com/Religions_By_Adherents.html

Makhdoom, T. S. (2013). Religião e Racionalidade.

Marks, A. D., Hine, D. W., Blore, R. L., & Phillips, W. J. (2008). Avaliação de

diferenças individuais na preferência dos adolescentes por experiências
racionais e experimentais

cognição. *Personality and Individual Differences, 44*(1), 42-52.

doi:10.1016/j.paid.2007.07.006

McCullough, M. E., Enders, C. K., Brion, S. L., & Jain, A. R. (2005). O

Varieties of Religious Development in Adulthood (Variedades do desenvolvimento religioso na idade adulta): A Longitudinal Investigation of Religion and Rational Choice". *Journal of Personality and Social Psychology, 89*(1), 78-89.

O'Neill, M. K., & Aktar, S. (2009). *Sobre "O Futuro de uma Ilusão" de Freud.* Londres, Inglaterra: Karnack Books.

Ostow, M. (1990). On Beginning with Patients Who Requirement Medication (Começando com Pacientes que Precisam de Medicação). In A. Rothstein, *On Beginning an Analysis* (pp. 201-227). Madison, CT: International Universities Press.

Pacini, R., & Epstein, S. (1999). The relation of rational and experiential information processing styles to personality, basic beliefs, and the ratio-bias phenomenon. *Journal ofPersonality and Social Psychology, 76*, 972-98.

Pichon, I., & Saroglou, V. (2009). Religião e ajuda: Impact of target thinking styles and just-world beliefs. *Arquivo de Psicologia da Religião, 31* (2), 215-236.

Rivera, R. (2017, 15 de março). *6 maneiras pelas quais a religião pode fazer você feliz.* Recuperado de Sunny Ray: http://www.sunnyray.org/6-ways-religion-can-make-you- happy.htm.

Rusu, P. P., & Turliuc, M. N. (2011). Formas de abordar a religiosidade na investigação psicológica. *Journal of International Social Research, 4*(18).

O Dicionário Livre. (2017, junho 20). *Rationaity*. Recuperado de The Free

Dictionary: http://www.thefreedictionary.com/rationality

Watson, P. J., Milliron, J. T., Morris, R. J., & Hood, R. W. (1994). Religião e

racionalidade: II. Análise comparativa de irracionalidades racionais-emotivas e

intrinsecamente religiosas. *Journal of Psychology and Christianity, 13* (4),

37384.

Watson, P. J., Morris, R. J., & Hood, R. W. (1994). Religião e racionalidade: I.

Rational-emotive and religious understandings of perfectionism and other

irrationalities. *Journal of Psychology and Christianity, 13*(4), 356-372.

Apêndice A

Escala de Religiosidade e Espiritualidade para Jovens

Orientações: Muitas crianças e adolescentes têm diferentes crenças e actividades relacionadas com Deus. Leia cada item com atenção e classifique a frequência com que realiza cada atividade ou o quanto acredita que cada item é verdadeiro. Utilize as seguintes opções de resposta:

0 = Nunca faço ou acredito nisto, 1 = Faço ou acredito nisto algumas vezes, 2 = Faço ou acredito nisto a maior parte do tempo, 3 = Faço ou acredito nisto sempre

*Note-se que o termo "escrituras sagradas" se refere aos escritos sagrados da sua religião, como a Bíblia, o Alcorão ou a Tora.

	I do or believe this...	Never	Sometimes	Mostly	Always
1.	My religious beliefs make me happy				
2.	I pray in public.				
3.	I study/read scriptures.				
4.	When I'm worried or nervous, my faith helps me calm down.				
5.	When I need help, I go to people with my same religious beliefs.				
6.	I attend prayer groups.				
7.	Praying gives me strength when I'm upset.				
8.	When trying to solve a problem, I ask God for help				
9.	I have a close relationship with God				

10.	When I do something wrong, I ask for God's forgiveness				
11.	I listen to religious songs or poetry about God.				
12.	I talk with others about my religious beliefs.				
13.	My faith gives me hope in tough times.				
14.	I watch religious TV shows or movies.				
15.	When I face a problem, I pray for God's help.				
16.	I spend time with kids who share my religious beliefs.				
17.	Knowing God is with me keeps me from feeling lonely.				
18.	I find teachings about God interesting or helpful.				
19.	My belief in God gives my life meaning.				
20.	I believe God will not give me more than I can handle.				
21.	I read books about God (other than the holy scriptures).				
22.	I give money based on my religious beliefs.				

23.	When something bad happens, God is trying to make me stronger.				
24.	I volunteer to help others based on my religious beliefs.				
25.	I ask other people to pray for me.				
26.	When bad things happen, I know God will show me the answers.				
27.	My beliefs about God help me decide what to do in hard situations.				
28.	When I'm upset, I remind myself that God loves me.				
29.	I confess my sins to God.				
30.	When I'm upset, I remind myself to be thankful for what I have.				
31.	When I'm struggling, I ask God to help me understand my situation.				
32.	I give others spiritual or religious advice.				

Apêndice B

Inventário Racional-Experiencial para Adolescentes

Faça um círculo à volta do número que melhor representa os seus sentimentos em relação a cada afirmação: 1 = discordo totalmente, 2 = discordo um pouco, 3 = não concordo nem discordo, 4 = concordo um pouco, 5 = concordo totalmente.

S. No.	Items	Disagree strongly	Disagree a little	Neither agree nor disagree	Agree a little	Agree strongly
1	When it comes to trusting people, I can usually rely on my gut feelings.	1	2	3	4	5
2	I generally don't depend on my instincts to help me make decisions.	1	2	3	4	5
3	I don't enjoy having to think.	1	2	3	4	5
4	I don't have very strong gut instincts.	1	2	3	4	5
5	I enjoy solving hard problems that require lots of thinking.	1	2	3	4	5
6	I often go by my instincts when deciding on a course of action.	1	2	3	4	5
7	I have no problem thinking things through carefully.	1	2	3	4	5

8	I don't like to have to do a lot of thinking.	1	2	3	4	5
9	I tend to use my feelings to guide my actions.	1	2	3	4	5
10	I think it is foolish to make important decisions based on feelings.	1	2	3	4	5
11	I enjoy a challenge that makes me think hard.	1	2	3	4	5
12	I'm not that good at figuring out complicated problems.	1	2	3	4	5
13	I believe in trusting my instincts.	1	2	3	4	5
14	Reasoning things out carefully is not one of my strong points.	1	2	3	4	5
15	I try to avoid situations that require thinking in depth about something.	1	2	3	4	5
16	I don't trust my initial feelings about people.	1	2	3	4	5
17	Using my gut feelings usually works well for me in figuring out problems in my life.	1	2	3	4	5
18	I prefer complex problems to simple problems.	1	2	3	4	5

| 19 | I don't like situations in which I have to rely on my gut instincts. | 1 | 2 | 3 | 4 | 5 |
| 20 | I am not very good at solving problems that require careful thinking. | 1 | 2 | 3 | 4 | 5 |

Quando é que vou acabar

Tanta juventude para evitar

Ainda há tanto para fazer

Falta tanto tempo para correr

Quando é que vou acabar

Quando ganho mais e como menos

Trabalhar ainda mais, dormir ainda pior

E agora penso, e agora acho

De pessoas quantas, ainda por impressionar

Quando é que vou acabar

Se um pouco mais de mim pudesse ter

Rir um pouco, e divertir-me um pouco Espirituoso que eu seja, não um caçador

piedoso Coagir-me com nenhuma caneta, Nem com uma arma Quando estarei pronto

Quando eu batia no meu peito

Então verás a piada

Escolhe-se o melhor

Não há hipótese ou olhar para descansar

Então, quando é que vou acabar

como estou perto do fim inevitável

Ou será que só agora comecei

Oh! Por favor alguém agora, diga-me oh alguém

Quando é que vou acabar?

Feroz S. Khan

I want morebooks!

Buy your books fast and straightforward online - at one of world's fastest growing online book stores! Environmentally sound due to Print-on-Demand technologies.

Buy your books online at
www.morebooks.shop

Compre os seus livros mais rápido e diretamente na internet, em uma das livrarias on-line com o maior crescimento no mundo! Produção que protege o meio ambiente através das tecnologias de impressão sob demanda.

Compre os seus livros on-line em
www.morebooks.shop

Printed by Books on Demand GmbH, Norderstedt / Germany